Preiswert
KOCHEN

Impressum

© 2013 Serges Verlag
Genehmigte Ausgabe
Bellavista ist ein Imprint
des Karl Müller Verlages
Silag Media AG
Liebigstr. 1-9
40764 Langenfeld

Rezeptverzeichnis

Mozzarella Caprese	5
Gefüllte Salbeiblätter	7
Carpaccio vom Rind	9
Marinierte Champignons	11
gegrillte Pilzkappen	13
Käseteller mit glasierten Trauben	15
Carpaccio von gekochtem Tafelspitz	17
Spaghetti aglio, olio, peperoncino	19
Spaghetti mit getrockneten Tomaten	21
Fettuccelle al Pesto	23
Blattsalat mit pochiertem Ei	25
Farmersalat	27
Salat von grünen Bohnen	29
Kapuzienersalat	31
Couscous-Salat	33
Löwenzahnsalat mit Brathähnchen	35
Bohnensalat mit Thunfisch	37
Blattsalat mit gebratenen Kalbsherz	39
Rosmarinkartoffeln	41
Mariniertes Gemüse	43
gebackene Steinpilze	45
Kichererbsenauflauf mit Joghurt	47
Bohnensalat mit Knoblauch	49
Peperonata	51
Salat von Gemüsenudeln	53
Baskisches Hühnerragout	55
Hackfleischroulade mit Pesto	57
Südfranzösische Hackfleischpfanne	59
Hackfleisch-Ratatouille-Auflauf	61

Vorwort

Sehr verehrte Leserin, sehr verehrter Leser,

wer gerne gut isst, Freude daran hat Gäste mit gelungenen Speisen zu verwöhnen und schon die Zubereitung als Kocherlebnis empfindet – der wird diese Sammlung mit gekonnt zusammengestellten und mehrfach erprobten Rezepten immer wieder gerne zur Hand nehmen.

Dieser Ratgeber, der Teil einer umfangreichen Reihe weiterer Themen ist, vermittelt das Know-how, mit dem Ihnen garantiert alles gelingt. Selbst alltägliche Gerichte werden raffinierter. Ihre persönliche Rezeptsammlung wächst, und die neu gewonnenen Kochkünste werden Ihre Gäste begeistern. Geselliges Beisammensein mit der Familie, mit Freunden und Bekannten gehört zu einem ausgefüllten Leben dazu. Gemeinsames Kochen, Backen oder Grillen hat sich längst zu einer beliebten Freizeitbeschäftigung entwickelt.

Die Titel-Überschrift „lecker und einfach" übermittelt die Botschaft, dass die Zubereitung raffinierter Gerichte auch nicht sehr aufwändig sein muss: Fachgeschäfte, Supermärkte und die Tiefkühltheke Ihres Discounters bieten heutzutage eine reiche Auswahl an Produkten und Zutaten an, die jede der beschriebenen Rezeptvariationen möglich macht. Und dabei müssen wir auch gar nicht einmal tief in die Tasche greifen, um uns diesen Luxus und das Erlebnis des eigenen Kochvergnügens leisten zu können.
Mit dieser Rezeptsammlung haben wir einen Ratgeber geschaffen, der alle Informationen und Tipps bietet, um das Kochvergnügen – mit garantiertem Erfolg – in vollen Zügen genießen zu können.

Viel Spaß dabei und einen guten Appetit.

Herzlichst Ihr

Siegfried Lapawa
Verleger Karl Müller Verlag

Mozzarella Caprese

2 Büffelmozzarella
4 große Strauchtomaten oder 6 Eiertomaten, 2 EL Balsamico-Essig
4 EL natives Olivenöl
Salz und schwarzer
Pfeffer aus der Mühle
4 Zweige Basilikum
Grissini mit Schinken

8 dicke oder
16 dünne Grissini
4 Scheiben Parmaschinken

Pro Portion ca. 470 kcal / 1960 kJ

1 Den Mozzarella gut abtropfen lassen und in Scheiben schneiden. Die Tomaten waschen, trocknen und in nicht zu dünne Scheiben schneiden, dabei den Stielansatz entfernen. Käse- und Tomatenscheiben abwechselnd auf einer Platte auslegen und mit Balsamico-Essig und Öl beträufeln.

2 Die Tomatenscheiben salzen, über das ganze Gericht reichlich Pfeffer mahlen und die Basilikumblätter grob gezupft darüber verteilen.

3 Zu Mozzarella Caprese passen Grissini, mit rohem Schinken umwickelt: Die Schinkenscheiben der Länge nach halbieren und je einen Schinkenstreifen um einen dicken oder zwei dünne Grissini wickeln.

Tipp: Für eine Miniausgabe des Gerichts auf gebutterten Canapés halbierte Mozzarellakugeln und Cocktailtomaten anrichten, salzen und pfeffern, mit Basilikum garnieren.

Gefüllte Salbeiblätter, frittiert

Teig	
4 EL Mehl	2 große Büffelmozzarella
2 Eigelb	32 frische große Salbeiblätter
1 Prise Salz	1 l Olivenöl zum Frittieren
1 Messerspitze Trockenhefe	
2 EL natives Olivenöl	
80–100 ml Weißwein	
2 Eiweiß	

Pro Portion ca. 470 kcal / 1960 kJ

1. Aus Mehl, Eigelb, Salz, Trockenhefe und nativem Olivenöl einen Teig rühren. Den Weißwein nach und nach zugeben. Der Teig soll flüssig, aber nicht zu dünn sein. Zuletzt die beiden Eiweiß zu halb steifem Schnee schlagen und unter den Teig ziehen.

2. Die gut abgetropften Mozzarellakugeln in nicht zu dünne Scheiben schneiden und dann in Stücke teilen, die etwas größer als die Salbeiblätter sind. Jeweils 1 Stück Mozzarella zwischen 2 Salbeiblätter legen.

3. Das Frittieröl auf 180 °C erhitzen.

4. Die Salbeiblätter noch einmal gut andrücken. Jedes Teil einzeln mit den Fingern durch den Teig ziehen und vorsichtig in das Öl fallen lassen. Die gefüllten Salbeiblätter etwa 1 bis 2 Minuten frittieren, bis sie goldgelb sind. Nicht zu lange backen, sonst läuft der Mozzarella aus!

5. Das fertige Gebäck mit der Schaumkelle herausheben, kurz auf Küchenpapier abtropfen lassen, leicht salzen und sofort servieren.

Carpaccio vom Rind

200 g vorgeschnittenes Carpaccio vom Rind (rohe Rinderfiletscheiben)
4 EL natives Olivenöl
Salz
grob gemahlener schwarzer Pfeffer
6 kleine, feste Champignons
1 kleines Stück Parmesan zum Hobeln
2 Stängel frisches Basilikum
1/2 Zitrone

Pro Portion ca. 160 kcal / 660 kJ

1. Das Rinderfilet 40 bis 60 Minuten (je nach Stärke des Fleischstücks) in das Tiefkühlgerät legen.

2. Mit der Schneidemaschine, einem elektrischen oder mit einem sehr scharfen Messer in möglichst dünne Scheiben schneiden.

3. Auf 4 gekühlte Teller verteilen. Mit Olivenöl beträufeln, dabei die Teller drehen, damit sich das Öl gleichmäßig verteilt. Salz und groben Pfeffer aufstreuen.

4. Die Champignons abreiben, putzen und in dünne Scheiben schneiden, den Parmesan in dünne Scheiben hobeln, die Basilikumblättchen von den Stielen zupfen. Alles auf das Fleisch streuen.

Variation
Statt Basilikumblättchen fein geschnittene Rucola über das Fleisch streuen, erst dann Öl darüber träufeln.

Mein Tipp:
Der Fleischgeschmack bleibt besser, wenn das Filet nicht angefroren wird. Das Filet in dünne Scheiben schneiden, mit wenig Olivenöl bestreichen und zwischen zwei Lagen Klarsichtfolie noch dünner ausrollen.

Marinierte Champignons

Mindestens 3 Tage im Voraus zubereiten
6 Portionen
500 g frische Champignons
1 Bund Dill
300 ml weißer Weinessig
1 TL getrockneter Thymian
2 Lorbeerblätter
1/2 TL schwarze Pfefferkörner
1 TL Salz
4 Knoblauchzehen
Olivenöl

Pro Portion ca. 320 kcal / 1360 kJ

1 Die Pilze putzen und abreiben. Die Stiele daranlassen, nur angetrocknete Stielenden abschneiden.

2 Den Dill putzen und waschen. Einige Dillspitzen abschneiden und auf Küchenpapier gut trocknen. Restlichen Dill im Ganzen zugeben.

3 Essig, 600 ml Wasser, Kräuter und Gewürze (außer dem Knoblauch) zum Kochen bringen. Die Champignons hineingeben und den Sud wieder aufkochen lassen.

4 Nach 5 Minuten vom Herd nehmen. Die Pilze weitere 20 Minuten im verschlossenen Topf ziehen lassen.

5 Den Sud abgießen, die Pilze im Sieb abtropfen und auskühlen lassen. Die Dillstängel entfernen. Den Knoblauch abziehen und jede Zehe in 3 bis 4 Stifte schneiden.

6 Ausgekühlte Pilze und Knoblauchstifte abwechselnd in ein sauberes Glas füllen. Frische Dillspitzen und die Lorbeerblätter dazwischenstreuen.

7 Mit Öl aufgießen, bis alle Champignons bedeckt sind. Das Glas fest verschließen.

Nach einigen Tagen haben die Champignons schon ein wunderbares Aroma – sie halten sich bis zu 4 Monate.

Gegrillte Pilzkappen

12 Austernpilzkappen
2 Knoblauchzehen
Salz
1 TL Korianderkörner
1/2 TL grob geschroteter schwarzer Pfeffer
Saft von 1 Zitrone
1/8 l Olivenöl

1/2 Bund glatte Petersilie
2 Bund Rucola
30 g Parmesan, in dünne Scheiben gehobelt

Pro Portion ca. 100 kcal / 400 kJ

1. Die Pilze, falls nötig, vorsichtig mit einem Pinsel putzen und die Stiele bis auf 1 cm abschneiden.

2. Die Knoblauchzehen abziehen und im Mörser mit dem Salz, den Korianderkörnern und dem Pfeffer zerdrücken.

3. Den Zitronensaft und das Olivenöl unterrühren und die Marinade über die Pilzkappen verteilen.

4. Die Pilzkappen etwa 20 Minuten darin ziehen lassen.

5. Dann die Pilze auf dem heißen Grill 8 bis 10 Minuten garen: auf der Innenseite nur kurz, auf der Kappe etwa 4 Minuten.

6. Die Petersilie waschen, trockenschütteln und fein hacken. Die Rucola verlesen, waschen, trockenschütteln und grob zerteilen.

7. 4 Teller mit Rucola auslegen und die gegrillten Pilze mit der offenen Seite nach oben anrichten. Mit der Petersilie und dem Parmesan bestreuen und die restliche Marinade über die Rucola träufeln.

Käseteller

4 Portionen
300 g blaue Trauben
2 TL Zucker
2 EL Sherry-Essig
2 EL Balsamico-Essig
120 g Trüffelkäse am Stück, z. B. Boschetto al tartuffo oder Pecorino tartuffato
200 g Roquefort (1 fingerdicke Scheibe)
4 reife blaue Feigen

Pro Portion ca. 340 kcal / 1440 kJ

1. Die Trauben waschen und gut trockentupfen. Von den Stielen zupfen, halbieren und entkernen.

2. In einer Stielkasserolle mit schwerem Boden den Zucker mit 4 Esslöffeln Wasser zu klarem Sirup kochen. Den Sherry-Essig und die Trauben zugeben und etwa 1 Minute auf guter Mittelhitze wenden.

3. Dann den Balsamico-Essig einrühren und die Trauben auf starker Hitze eine weitere 1/2 Minute wenden. Die glasierten Trauben in eine Schüssel umfüllen und kalt werden lassen.

4. Den Trüffelkäse in 8 dünne Scheiben schneiden. Den Roquefort erst in Streifen, dann in Würfel schneiden. Die Feigen waschen, trockentupfen und halbieren.

5. Die kalten, glasierten Trauben am Rand von Portionstellern hübsch anrichten und die Feigen dazulegen. Die Käsescheiben und die Roquefortwürfel gleichmäßig verteilen.

Dazu Ciabatta oder toskanisches Weißbrot reichen.

Tafelspitz-Carpaccio

300 g gekochter Tafelspitz
1 rote Zwiebel
1 halbes Bund Schnittlauch
1 hartgekochtes Ei
1 Fleischtomate
2 EL Balsamico-Essig
Salz und Pfeffer aus der Mühle
1 TL mittelscharfer Senf
4 EL Olivenöl
Zum Garnieren
1 Stück Salatgurke
8 Schnittlauchstängel
etwas Blattsalat,
z. B. Lollo oder Novita

Pro Portion ca. 620 kcal / 2610 kJ

1. Den kalten Tafelspitz hauchdünn aufschneiden und 4 Teller damit auslegen. Die Zwiebel abziehen und fein würfeln. Den Schnittlauch waschen, trockentupfen und in feine Röllchen schneiden. Das Ei pellen und fein hacken.

2. Die Tomate kurz in kochendem Wasser blanchieren, häuten, halbieren, die Kerne entfernen und das Tomatenfleisch fein würfeln. Alle Zutaten über das Fleisch streuen.

3. Essig mit Salz, Pfeffer und Senf verrühren und mit dem Öl sämig auf schlagen. Eventuell 1 Esslöffel Wasser zugeben. Die Portionen mit dieser Marinade beträufeln. Etwas davon für den Salat aufbewahren.

4. Aus der Salatgurke diagonal lange Scheiben schneiden.

5. Die Schnittlauchstängel kurz in kochendes Wasser tauchen, damit sie sich besser binden lassen. Die Salatblätter waschen und trockenschleudern. Aus dem Salat kleine Sträuße formen, mit den Gurkenscheiben umhüllen und mit dem Schnittlauch zusammen binden.

6. Die Salatbouquets auf den Tellern anrichten und mit restlicher Marinade beträufeln.

Spaghetti aglio, olio, peperoncino

2 Knoblauchzehen
1–2 frische scharfe rote Peperoncini (Chilischoten)
160 g Spaghetti
Salz
3 EL Olivenöl
50 g geriebener Parmesan
frisch gemahlener schwarzer Pfeffer
50 g Pinienkerne
300 g dünne schwarze Nudeln

Pro Portion ca. 520 kcal / 2200 kJ

1 Die Knoblauchzehen abziehen und fein hacken. Die Peperoncini halbieren, Kerne sorgfältig entfernen und die Schoten fein hacken.

Die Spaghetti in kochendem Salzwasser 8 Minuten bissfest garen, abschütten und kurz abtropfen lassen.

2 Das Olivenöl in einer tiefen Pfanne erhitzen. Knoblauch und Peperoncini darin bei mittlerer Hitze kurz dünsten. Spaghetti in die Pfanne geben und alles gut vermischen.

3 Auf 2 vorgewärmten Tellern anrichten und sofort servieren. Den Parmesan getrennt dazu reichen.

Spaghetti mit getrockneten Tomaten

2 Stängel Basilikum
1/2 Bund glatte Petersilie
1-2 Knoblauchzehen
1 kleiner scharfer roter Peperoncino
(Chilischote), 3 EL Olivenöl
160 g Spaghettini
(dünne Spaghetti)
Salz

2 EL getrocknete Tomaten, in Öl
eingelegt
1 EL Pinienkerne
frisch geriebener Parmesan

Pro Portion ca. 610 kcal / 2540 kJ

1. Die Kräuter waschen, trockentupfen und die Blätter grob hacken. Die Knoblauchzehen abziehen und fein hacken.

2. Den Peperoncino waschen, halbieren, die Kerne sorgfältig entfernen und die Schote sehr fein hacken.

3. Kräuter, Knoblauch und Peperoncino mit dem Olivenöl in einer weiten Schüssel verrühren und ziehen lassen.

4. Die Spaghettini in kochendem Salzwasser bissfest garen. Die Tomaten in feine Streifen schneiden.

5. Die Pinienkerne in einer trockenen, heißen Pfanne goldgelb rösten. Die gegarten Spaghettini abgießen, in der Schüssel mit der Marinade vermischen, Tomaten und Pinienkerne unterheben.

6. Die Spaghettini in vorgewärmten tiefen Tellern servieren und möglichst grob geriebenen, frischen Parmesankäse dazu reichen.

Fettuccelle al Pesto

1 großes Bund Basilikum
3 Knoblauchzehen
1 Messerspitze Salz
100 ml natives Olivenöl
30 g Pinienkerne
50 g frisch geriebener Parmesankäse

350 g Fettuccelle (Bandnudeln)

Pro Portion ca. 650 kcal / 2710 kJ

1. Die Basilikumblätter möglichst nicht waschen, sondern nur abwischen und von den Stängeln zupfen. Die Knoblauchzehen abziehen und grob hacken.

2. Die Basilikumblätter fein zerzupfen und in einen Mörser geben, dazu den Knoblauch, Salz und wenige Tropfen Öl.

3. Die Mischung stampfen und dabei immer wieder etwas Öl zugeben (oder alle Zutaten im Mixer pürieren).

4. Die Pinienkerne in einer heißen, trockenen Pfanne rundherum goldgelb rösten. Dann mit dem Basilikumpüree und dem restlichen Öl stampfen. Inzwischen die Nudeln kochen.

5. Zuletzt den Parmesankäse in den Pesto rühren und die Mischung mit einigen Esslöffeln heißem Nudelwasser auf die gewünschte musige Konsistenz bringen. Mit Salz abschmecken.

6. Die abgetropften Nudeln in einer vorgewärmten Schüssel mit dem Pesto vermischen.

Blattsalat mit pochiertem Ei

4 Portionen	frisch gemahlener schwarzer Pfeffer
Frische Salatblätter nach Wunsch	3 EL Balsamico-Essig
(z. B. Eichblatt, Feldsalat, Romana	4-5 EL natives Olivenöl
oder auch nur grüner Salat)	2 EL Weinessig zum Pochieren
2 Schalotten	4 frische Eier
1 Knoblauchzehe	1/2 Kästchen Gartenkresse
Salz	

Pro Portion ca. 170 kcal / 700 kJ

1. Die Salatblätter putzen, waschen, trockenschleudern und mundgerecht zerzupfen. Die Schalotten und die Knoblauchzehe abziehen und sehr fein würfeln bzw. durch die Presse drücken. Mit Salz, Pfeffer und Balsamico-Essig verquirlen, dann das Olivenöl unterschlagen. Würzig abschmecken, den Salat darin wenden und auf 4 Tellern anrichten.

2. Wasser mit Salz und Weinessig aufkochen. Die Hitze reduzieren, die Eier darin pochieren, abtropfen lassen und auf das Salatbett setzen.
Die Kresse in die Mitte geben und Pfeffer darüber mahlen.

3. Eier pochieren:
1 Liter Wasser mit 2 Esslöffel Essig und 1 Teelöffel Salz aufkochen. Dann die Hitze abschalten, die Eier einzeln in eine kalt gespülte Schöpfkelle schlagen und ins heiße Wasser tauchen. Kelle erst tief im Wasser umdrehen und das Ei hinausgleiten lassen.

4. Sofort mit zwei Löffeln das Eiweiß zusammenhalten, damit es in Form bleibt. Das Eigelb soll ganz vom Eiweiß umhüllt sein. Nach etwa 2 Minuten beginnt das Eiweiß fest zu werden, nun noch weitere 2 Minuten pochieren. Nach insgesamt 4 Minuten ist das Ei außen fest, das Eigelb im Inneren aber noch flüssig.

5. Mit einer Schaumkelle herausheben, gut abtropfen lassen und die Eiweißfäden mit einem Messer abschneiden. Eier, die sofort verwendet werden, in eine Schüssel mit lauwarmem Wasser legen, damit sie nicht auskühlen. Eier für spätere Verwendung in einer Schüssel mit kaltem Wasser in den Kühlschrank stellen. Denken Sie daran, dass die Eier zum Pochieren frisch - nicht älter als 1 Woche - und gut gekühlt sein müssen. Nur so hält das Eiweiß zusammen.

Farmersalat

4 Portionen	4 EL Weinessig
1 Dose Mais, 350 g	2 TL scharfer Senf
1 Glas rote Paprikastreifen, 350 g	8 EL Olivenöl
4 Tomaten	4 Eier
1/2 Salatgurke	1/2 Kopf Eisbergsalat
Salz	200 g Frühstücksspeck
frisch gemahlener Pfeffer	
1 Prise Zucker	

Pro Portion ca. 750 kcal / 3140 kJ

1. Den Mais und die Paprikastreifen in ein Sieb abschütten. Die Tomaten und die Gurke waschen. Gurke schälen und in kleine Würfel schneiden, Tomaten achteln. Mais, Paprika, Tomaten und Gurken in eine Schüssel geben.

2. Aus Salz, Pfeffer, Zucker, Weinessig, Senf und Olivenöl eine Marinade rühren und über den Salat gießen. Gut vermischen und etwas durchziehen lassen.

3. Die Eier hartkochen, abschrecken, schälen und in Scheiben schneiden. Vom Eisbergsalat die äußeren Blätter entfernen und die restlichen in Streifen schneiden, waschen und trockenschleudern.

4. Auf 4 Tellern anrichten. In die Mitte den Maissalat verteilen und mit den Eischeiben garnieren.

5. Den Frühstücksspeck in feine Streifen schneiden. In einer trockenen Pfanne bei mittlerer Hitze den Speck auslassen. Über die Salate verteilen und sofort servieren.

Knoblauchbaguette oder frisches Weißbrot dazu reichen.

Salat von grünen Bohnen

500 g frische grüne Bohnen
Salz
1 große Zwiebel
1-2 Knoblauchzehen
schwarzer Pfeffer
aus der Mühle
3 EL Balsamico-Essig
5 EL natives Olivenöl

4 mittelgroße Strauchtomaten
100 g grüne und
100 g schwarze Oliven
2 Bund glatte Petersilie
200 g roher Schinken am Stück

Pro Portion ca. 440 kcal / 1845 kJ

1. Die Bohnen waschen, putzen und je nach Größe halbieren oder dritteln. Das Gemüse in einem Topf knapp mit Salzwasser bedecken und etwa 10 Minuten köcheln lassen, die Bohnen sollen gar, aber noch bissfest sein. Die Bohnen gut abtropfen lassen und in eine weite Servierschüssel legen.

2. Inzwischen die Zwiebel und die Knoblauchzehen abziehen und fein hacken. Frisch gemahlenen Pfeffer mit einer Messerspitze Salz, Essig und Öl zu einer sämigen Marinade schlagen.

3. Zwiebel, Knoblauch und die Marinade über die noch warmen Bohnen verteilen.

4. Die Tomaten waschen, den Stielansatz ausschneiden und die Früchte in 6 bis 8 Spalten teilen. Leicht salzen und pfeffern und zu den Bohnen legen. Die entsteinten Oliven halbieren oder vierteln und zum Salat geben.

5. Die Petersilie waschen, trockenschütteln und die Blätter hacken. Den Schinken in kleine Würfel oder feine Streifen schneiden.

6. Alle Zutaten unter die Bohnen heben und den Salat mindestens 1 Stunde zugedeckt ziehen lassen. Vor dem Servieren noch einmal abschmecken.

Kapuzinersalat

4 Portionen
250 g möglichst kleine Pfifferlinge
2 Scheiben dunkles Bauernbrot
2 Knoblauchzehen
200 g geräucherter Schweinebauch
4 EL Öl, Salz
frisch gemahlener schwarzer Pfeffer
2 Bund Brunnenkresse
20 Knospen von Kapuzinerkresse
einige Kapuzinerkresseblüten zum Garnieren
3 EL Sherry-Essig
1 EL Brühe
6 El Sonnenblumenöl

Pro Portion ca. 460 kcal / 1910 kJ

1 Die Pfifferlinge putzen, eventuell in einem Sieb kurz abbrausen und auf Küchenpapier gut trocknen. Große Pilze zerteilen.

2 Die Brotscheiben entrinden und würfeln. Die Knoblauchzehen abziehen und fein hacken. Den Schweinebauch in kleine Streifen schneiden.

3 4 Esslöffel Öl in einer weiten Pfanne erhitzen. Die Brotwürfel und den Knoblauch zugeben und kurz wenden.

4 Das Brot herausheben und den Schweinebauch und die Pfifferlinge bei guter Mittelhitze wenden und braten. Zuletzt leicht salzen, pfeffern und aus der Pfanne heben.

5 Die Brunnenkresse verlesen, alle dicken Stengel entfernen, die Blätter waschen und trockenschleudern. Knospen und Blüten der Kapuzinerkresse verlesen.

6 1 Messerspitze Salz, frisch gemahlenen Pfeffer, Essig und Brühe verrühren. Den Bratensatz aus der Pfanne nur zugeben, wenn er nicht zu schwarze Röststoffe enthält. Das Sonnenblumenöl unterschlagen.

7 Alle Salatzutaten einschließlich Kresseknospen mit der Marinade mischen, portionsweise anrichten und mit den Kresseblüten garnieren.

Couscous-Salat

1 Schalotte
6 EL Olivenöl
200 g Couscous
400 ml Geflügelbrühe
Salz und Pfeffer
aus der Mühle
1/2 Bund Brunnenkresse
1/2 Bund glatte Petersilie

1/2 Bund Schnittlauch
1 Kästchen Gartenkresse
50 g Kerbel
1 große rote Strauchtomate
3 EL Balsamico-Essig
1 Prise Cayennepfeffer

Pro Portion ca. 520 kcal / 2180 kJ

1 Die Schalotte abziehen, fein hacken und mit 1 Esslöffel Olivenöl in einem weiten Topf anschwitzen. Dann den

2 Couscous einrühren und mit der Geflügelbrühe auffüllen. Aufkochen lassen, leicht mit Salz und Pfeffer würzen und den Couscous im geschlossenen Topf am Herdrand 10 Minuten quellen lassen. Den Couscous auf einem Blech gleichmäßig ausstreichen und erkalten lassen.

3 Brunnenkresse, Petersilie und Schnittlauch waschen, trockentupfen und fein hacken. Die Gartenkresse mit der Schere abschneiden. Den Kerbel verlesen, grobe Stiele entfernen und die Blättchen hacken.

4 Die Tomate brühen, häuten, halbieren und entkernen. Das Tomatenfleisch würfeln.

5 Den kalten Couscous in eine weite Schüssel füllen, mit Olivenöl, Balsamico, Salz, Pfeffer und Cayennepfeffer abschmecken. Zuletzt die Kräuter und die Tomate unterheben und den Salat mindestens 2 Stunden ziehen lassen. Danach nochmals abschmecken.

6 Couscous-Salat zum Servieren auf eine flache Platte häufen mit Minzeblättchen oder restlicher Brunnenkresse garnieren. Hübsch dazu machen sich Blüten, aus Frühlingszwiebeln geschnitten.

Löwenzahnsalat mit Brathähnchen

4 Portionen	1 Prise Salz
1/2 gegrilltes Brathähnchen	1 TL frische grüne Pfefferkörner
2 Knoblauchzehen	200 g junge Löwenzahnblätter
1 EL Sojasauce	1 Bund Gärtner- oder Brunnenkresse
3 EL Balsamico-Essig	1 Zwiebel
2 EL Brühe	2 harte Eier
Salz	6 EL Traubenkernöl

Pro Portion ca. 390 kcal / 1620 kJ

1 Die Haut von dem gegrillten Brathähnchen entfernen. Fleisch von den Knochen lösen und in Streifen schneiden.

2 Die Knoblauchzehen abziehen und sehr fein hacken oder durch die Knoblauchpresse drücken.

3 Sojasauce, Essig, Brühe, Knoblauch, Salz, Zucker und Pfefferkörner zu einer Marinade verrühren. Das Hühnerfleisch in eine kleine Schüssel geben, die Marinade darüber gießen. Zugedeckt mindestens 1 Stunde durchziehen lassen.

4 Den Löwenzahn verlesen, harte Stiele herausschneiden. Die Blätter waschen und in einem Sieb gut abtropfen lassen.

5 Die Kresse unter fließendem Wasser waschen, trockenschütteln und von groben Stielen befreien. Die Zwiebel abziehen und in feine Ringe schneiden.

6 Löwenzahn und Kresse auf 4 große Salatteller verteilen. Hühnerfleisch, Zwiebelringe und Eischeiben darauf anrichten.

7 Die Marinade mit dem Öl verrühren, abschmecken und über die Salatzutaten verteilen.

Bohnensalat mit Thunfisch

200 g Cannellini
(kleine weiße Bohnenkerne, getrocknet)
1 Zwiebel
1 Lorbeerblatt
Salz und schwarzer Pfeffer aus der Mühle
1–2 EL Zitronensaft
6 EL natives Olivenöl
2 Bund Frühlingszwiebeln
2 Dosen Thunfisch in Öl
1 Bund Basilikum

Pro Portion ca. 615 kcal / 2580 kJ

1. Die Bohnen mit lauwarmem Wasser bedecken und 4 Stunden vorquellen lassen. Dann in einem Topf mit frischem Wasser bedecken und zum Kochen bringen.

2. Die Zwiebel abziehen, halbieren und mit dem Lorbeerblatt zu den Bohnen geben. Im leicht verschlossenen Topf bei mittlerer Hitze knapp gar kochen. Wenn die Bohnen weich werden, aber noch Biss haben, etwas Salz einrühren und die Bohnen bei schwacher Hitze noch 15 Minuten köcheln lassen.

3. Je nach Säure 1 bis 2 Esslöffel Zitronensaft mit Pfeffer und Olivenöl sämig schlagen. Die Bohnen abtropfen lassen, in eine weite Schüssel legen und die Marinade mit den noch warmen Bohnen vermischen. Mit Salz abschmecken.

4. Die Frühlingszwiebeln waschen, putzen und in dünne Ringe schneiden. Den Thunfisch mit 2 Gabeln mundgerecht zerteilen und samt den Zwiebeln unter die Bohnen heben.

5. Wenn die Bohnen ganz ausgekühlt sind, das Basilikum waschen, trockenschütteln und die Blätter grob in den Salat zupfen. Alles gut vermischen und noch einmal abschmecken.

Blattsalat mit gebratenem Kalbsherz

1/2 Kalbsherz
6 EL Olivenöl
Salz und schwarzer Pfeffer aus der Mühle
je einige Blätter
Lollo rosso,
Eichblattsalat,
Radicchio

etwas Brunnenkresse
4 EL Balsamico-Essig

Pro Portion ca. 170 kcal / 710 kJ

1 Das Kalbsherz waschen, trockentupfen und sorgfältig ausschneiden. 2 Esslöffel Öl in einer Pfanne erhitzen, das Kalbsherz darin rundherum anbraten. Mit Salz und Pfeffer würzen, bei 150 °C im Backofen noch 10 Minuten ziehen lassen.

2 Inzwischen die Salate und die Brunnenkresse verlesen, waschen, trockenschütteln und mundgerecht zerzupfen. Auf 4 Tellern anrichten. Den Balsamico-Essig mit Salz, Pfeffer und dem restlichen Öl schlagen und über den Salat träufeln.

3 Das Kalbsherz in dünne Scheiben schneiden, auf dem Salat anrichten und grob gemahlenen Pfeffer darüber streuen.

Kalbsherz vorbereiten
Das halbe Herz in zwei Viertel teilen, dann lässt es sich leichter putzen: Das Fett entfernen, grobe Adern auslösen, die innere Scheidewand und häutige Klappen herausschneiden. Dabei das Muskelfleisch möglichst nicht verletzen.

Rosmarinkartoffeln

4 Portionen
1 kg kleine neue Kartoffeln, möglichst gleich groß
250 g Cocktailtomaten
8 Knoblauchzehen
50 ml Olivenöl
80 g Butter

1/2 Zweig frischer Rosmarin
1 gestrichener EL grobes Salz
frisch gemahlener schwarzer Pfeffer

Pro Portion ca. 410 kcal / 1730 kJ

1 Kartoffeln waschen, sauber bürsten und abtrocknen. In einer Pfanne Olivenöl und 50 g Butter erhitzen. Kartoffeln einlegen, zudecken und bei mittlerer Hitze gar braten. Die Pfanne ab und zu rütteln.

2 Die Knoblauchzehe abziehen und fein hacken. 10 g Butter in die Pfanne geben. Die Rosmarinnadeln, das grobe Salz und etwas frisch gemahlenen schwarzen Pfeffer hinzufügen.

3 Kartoffeln noch kurz weiterbraten und schwenken, bis der Knoblauch etwas Farbe annimmt.

Mariniertes Gemüse

Marinade	Gemüse
1/2 l Hühnerbrühe	beispielsweise:
1/8 l trockener Weißwein	12 Schaschlikzwiebeln
1/8 l natives Olivenöl	300 g Zucchini
Saft von 1 Zitrone	4 kleine Möhren
2 Knoblauchzehen, halbiert	je 1 rote und gelbe Paprikaschote
3 Petersilienstängel	200 g Champignons
1 TL Thymian	
1/2 TL Salz, 5 Pfefferkörner	

Pro Portion ca. 220 kcal / 920 kJ

1. Alle Zutaten zur Marinade aufkochen und auf schwacher Hitze köcheln lassen.

2. Die Zwiebeln abziehen. Die gewaschenen Zucchini und die geschälten Möhren in 2 cm dicke Scheiben schneiden. Paprikaschoten waschen, entkernen und in 1 cm breite Streifen schneiden. Die Champignons putzen.

3. Die Marinade durchseihen und wieder aufkochen, die Zwiebeln einlegen. 20 Minuten garen und in eine große Schüssel legen.

4. Die Möhren 15 Minuten köcheln lassen und zu den Zwiebeln geben. So weiter verfahren: Zucchini 10 Minuten garen, Paprika und Pilze 8 Minuten.

5. Marinade nachwürzen und über das Gemüse gießen. Zugedeckt mindestens 4 Stunden in den Kühlschrank stellen.

Eine raffinierte Beilage zu allem Gegrillten.

Gebackene Steinpilze

2 Portionen
400 g große Steinpilzkappen (2-4 Stück)
Olivenöl oder Butter für die Formen und zum Beträufeln

1 Bund glatte Petersilie
2 Knoblauchzehen
Salz
frisch gemahlener schwarzer Pfeffer

Pro Portion ca. 170 kcal / 700 kJ

1 Den Backofen auf 200°C vorheizen. Backpapier auf den Rost im Ofen legen. Die Steinpilze putzen, in den Ofen legen und mehrere Minuten wenden, bis sie heiß sind.

2 Die Kappen im ganzen oder in dicke Scheiben geschnitten in gefettete feuerfeste Förmchen legen.

3 Die Petersilie waschen und trockenschütteln. Den Knoblauch abziehen. Beides fein hacken und über die Pilze streuen. Salzen und pfeffern, mit Öl oder geklärter Butter beträufeln. Etwa 10 Minuten im heißen Backofen garen und sofort servieren.

Erbsenauflauf mit Joghurt

150 g Kichererbsen	schwarzer Pfeffer aus der Mühle
1 Lorbeerblatt	1 TL Kurkumapulver
Salz	1 Prise Nelkenpulver
2 Möhren	3 Sardellenfilets
2 Zucchini	Fett für die Form
2 Stängel Sellerie	2 Zweige frische Minze
250 g Okraschoten	500 g fettarmer
2 Fleischtomaten	Joghurt, natur
2 Gemüsezwiebeln	1 EL Speisestärke
4 Knoblauchzehen	4 Eier
4 EL Olivenöl	1 TL getrockneter Oregano

Pro Portion ca. 540 kcal / 2250 kJ

1 Die Kichererbsen in einen Topf geben, mit Wasser bedecken und über Nacht einweichen. Am nächsten Tag mit dem Einweichwasser und dem Lorbeerblatt zum Kochen bringen, 30 Minuten köcheln lassen und 1/2 Teelöffel Salz zugeben.

2 Inzwischen das Gemüse waschen, putzen und die Möhren schälen. Möhren, Zucchini und Sellerie in Scheiben schneiden, die Okraschoten ganz lassen. Die Tomaten grob würfeln. Die Zwiebeln und den Knoblauch abziehen und hacken.

3 Das Olivenöl in einer tiefen Pfanne erhitzen, Zwiebeln und Knoblauch darin glasig dünsten. Das Gemüse zufügen und 10 Minuten vorgaren.

4 Die Kichererbsen abgießen und abtropfen lassen, das Lorbeerblatt entfernen. Die Kichererbsen unter das Gemüse mischen, mit Salz, Pfeffer, Kurkuma- und Nelkenpulver würzen.

5 Die Sardellenfilets unter kaltem Wasser abspülen, fein hacken und zum Gemüse geben.

6 Eine feuerfeste Form ausfetten und die Gemüsemischung einfüllen. Die Minze waschen, trockentupfen und die Blätter fein hacken. Den Joghurt schaumig schlagen. Die Speisestärke, die Eier und die Kräuter unterrühren. Die Joghurtsauce über den Gemüseauflauf gießen.

7 Im vorgeheizten Backofen bei 175 °C ca. 35 Minuten backen.

Mit türkischem Fladenbrot servieren.

Bohnensalat mit Knoblauch

4 Portionen
400 g dicke weiße Bohnen
Salz
4 Knoblauchzehen
4 nicht zu scharfe rote Chilischoten
4 Frühlingszwiebeln
1/2 Bund Koriandergrün
(ersatzweise glatte Petersilie)

4 EL Essig
8 EL Olivenöl
frisch gemahlener
schwarzer Pfeffer

Pro Portion ca. 500 kcal / 2100 kJ

1 Die Bohnen über Nacht oder mehrere Stunden mit Wasser bedeckt quellen lassen und dann mit dem Einweichwasser zum Kochen bringen. Die Bohnen gut 1 Stunde köcheln lassen und erst salzen, wenn sie weich werden.

2 Inzwischen die Knoblauchzehen abziehen und der Länge nach in Stifte schneiden. Die Chilischoten putzen, aufschlitzen, entkernen und grob hacken. Die Frühlingszwiebeln abziehen, putzen, waschen und in feine Ringe schneiden. Den Koriander waschen, trockenschütteln und die Blätter hacken.

3 Aus Essig und Olivenöl eine Marinade rühren und die gegarten Bohnen noch warm darin wenden. Die Bohnen mit Salz abschmecken, kräftig mit Pfeffer würzen und mit Knoblauch und Chilischoten vermengen. Erst, wenn der Bohnensalat abgekühlt ist, die Frühlingszwiebeln und das Koriandergrün zugeben.

Den Salat vor dem Servieren möglichst 1 Stunde zugedeckt ziehen lassen.

Tipp:
Der Bohnensalat kann zu einem kleinen kompletten Imbiss erweitert werden, indem Sie Würfel von Thunfisch, Fetakäse oder kalten Braten untermischen.

Peperonata

8 Portionen
500 g Zwiebeln
4 Knoblauchzehen
4 rote Chilischoten
2 kg feste rote Paprikaschoten
1 kg Fleischtomaten
6 Lorbeerblätter
1/8 l Olivenöl

Salz
frisch gemahlener schwarzer Pfeffer
4 EL Tomatenmark

Pro Portion ca. 210 kcal / 900 kJ

1. Die Zwiebeln abziehen und würfeln, den Knoblauch abziehen und durch die Presse drücken. Chilischoten putzen, aufschlitzen, entkernen und die Schoten klein würfeln. Paprikaschoten putzen, waschen und in gleichmäßige Stücke schneiden. Die Tomaten brühen, häuten, entkernen und grob hacken.

2. Das Öl erhitzen, Zwiebeln, Knoblauch, Chili und die Lorbeerblätter darin unter Rühren anschwitzen. Paprika einrühren, salzen und pfeffern und etwa 5 Minuten unter Wenden braten.

3. Die Tomaten zugeben und das Tomatenmark einrühren, dann zugedeckt bei milder Hitze etwa 30 Minuten schmoren. Pikant abschmecken.

Kurz vor Ende der Garzeit können Kräuter wie Thymian, Oregano oder Basilikum zugegeben werden.

Salat von Gemüsenudeln

2 feste, kleine Zucchini
2 große Möhren
1/4 Sellerieknolle
300 g schwarze Spaghettini (mit Seppiatinte gefärbt)
Salz
4 EL natives Olivenöl

2 EL Pinienkerne
1 Glas Pesto

Pro Portion ca. 720 kcal / 3020 kJ

1 Die Gemüse waschen und putzen. Möhren und Sellerieknolle schälen. Die Gemüse auf einem speziellen Hobel (Mandoline oder asiatischer Drehhobel) in lange, dünne Streifen schneiden.

2 In zwei Töpfen Salzwasser zum Kochen bringen. In einem Topf die schwarzen Nudeln nach Packungsanleitung bissfest kochen. In dem anderen Topf die Gemüsenudeln knapp 1 Minute blanchieren, abgießen und kalt spülen.

3 4 Esslöffel Olivenöl in eine weite Schüssel geben und die gut abgetropften Gemüsenudeln darin wenden. Die Pinienkerne in einer trockenen, heißen Pfanne goldgelb rösten und zugeben. Die gegarten Spaghettini abgießen und mit den Gemüsenudeln mischen.

4 Den Gemüsenudelsalat lauwarm oder kalt portionsweise anrichten und mit jeweils 1 Esslöffel Pesto krönen. Restliches Pesto getrennt dazu bereitstellen.

So aufgetragen wird der Gemüsenudelsalat wie ein Pastagericht gegessen. Man kann Gemüse und Nudeln auch kleiner schneiden, mit dem Pesto vermischen und den Salat als Beilage reichen.

Tipp:
Die „Mandoline" ist ein traditioneller Gemüsehobel aus der professionellen Küche und schneidet lange, dünne Stäbchen. In Asienläden gibt es Drehhobel zu kaufen. Hier werden die Gemüsestücke eingespannt und drehend durch ein Messer gedrückt, das sehr lange, dünne Nudeln schneidet. Sie können Gemüsenudeln auch mit dem Sparschäler schneiden.

Baskisches Hühnerragout

Am Vortag zuzubereiten
6 Portionen
1 frisches Suppenhuhn, ca. 2 kg
750 g Gulaschfleisch (Rind und Schwein gemischt)
5 EL Olivenöl
500 g Möhren
1 große Zwiebel
2 große Knoblauchzehen
Salz und Pfeffer aus der Mühle
1/2 l Rotwein
1/4 l Geflügelfond (aus dem Glas)
1 Bund frischer Thymian
2 Bund glatte Petersilie
2 frische rote Chilischoten
20 g Blockschokolade

Pro Portion ca. 600 kcal / 2520 kJ

1. Das Suppenhuhn gründlich waschen, trockentupfen und in 8 Stücke portionieren. Das Gulaschfleisch in Würfel schneiden.

2. In einem Schmortopf das Olivenöl erhitzen. Erst die Geflügelteile rundherum anbraten, herausheben und dann das Fleisch kräftig anbraten.

3. Die Möhren putzen und in 3 cm lange Stücke schneiden. Die Zwiebel und die Knoblauchzehen abziehen und hacken. Zum Fleisch geben und kurz mitbraten. Die Geflügelteile wieder hineinlegen. Mit Salz und Pfeffer würzen. Rotwein und Geflügelfond angießen.

4. Die Thymianblättchen von den Stängeln streifen. 1 Bund Petersilie waschen und grob hacken. Die Chilischoten entkernen und fein hacken. Die Kräuter zusammen mit den Chilischoten und der Schokolade zum Fleisch geben und alles zugedeckt bei schwacher Hitze 1 Stunde köcheln lassen.

5. Anschließend die Hühnerteile aus dem Ragout nehmen und das Fleisch von den Knochen lösen. Hühnerfleisch wieder zu den anderen Zutaten geben und den Topf über Nacht an einem kühlen Ort aufbewahren.

6. Am nächsten Tag die obere Fettschicht abheben. Das entfettete Ragout nochmals 1 Stunde köcheln lassen.
Petersilie waschen und fein hacken. Vor dem Servieren über das Ragout streuen.

Dazu passen Reis oder Salzkartoffeln und grüner Salat.

Hackfleischroulade mit Pesto

600 g Rinderhack
1 Ei, Salz, 2 Eßlöffel Milch
2 Eßlöffel Semmelbrösel
75 g frisch geriebener Parmesan
frisch gemahlener Pfeffer
1 großes Bund Basilikum
1 Bund glatte Petersilie
4 Frühlingszwiebeln

2 Knoblauchzehen
50 g Pinienkerne
Öl zum Ausfetten, 4 Eßlöffel Olivenöl, 150 g Kalbsbrät
16 dünne Scheiben Frühstücksspeck
3 Eßlöffel Öl, 1 Prise Zucker
1 Dose gehackte Tomaten, 400 g
Weißwein zum Abschmecken

Pro Portion ca. 1120 kcal / 4670 kJ

1. Das Rinderhack mit dem Ei, der Milch, den Semmelbröseln und dem Parmesan verkneten und mit Salz und Pfeffer würzen. Kurz durchziehen lassen.

2. Das Basilikum und die Petersilie waschen und trockenschütteln. Die Frühlingszwiebeln putzen. Die Knoblauchzehen abziehen. Basilikum, Petersilie, Frühlingszwiebeln, Knoblauch, Pinienkerne und Olivenöl im Mixer zu einer glatten Paste verarbeiten.

3. Ein großes Stück Alufolie einfetten. Den Hackfleischteig zu einem ca. 32 cm langen und 20 cm breiten Rechteck ausrollen. Das Kalbsbrät und anschließend die Basilikummischung (Pesto) darauf verteilen. Dabei an allen Rändern ca. 2 cm frei lassen. Mit Hilfe der Alufolie den Teig längs aufrollen. Die Roulade mit einem scharfen Küchenmesser in 8 Stücke zerschneiden. Jedes Stück mit 2 Scheiben Frühstücksspeck umwickeln und mit Küchengarn festbinden.

4. In einer tiefen Pfanne das Öl erhitzen, die Rouladenstücke darin auf beiden Seiten bei mittlerer Hitze insgesamt ca. 15 Minuten braten. Das Fleisch herausheben, das überschüssige Bratfett abgießen. Die gehackten Tomaten zum Bratfond geben und kurz aufkochen. Mit Pfeffer, Zucker und Weißwein abschmecken. Auf vorgewärmten Tellern die Tomatensauce verteilen und jeweils 2 Rouladenstücke darauf setzen.

Dazu Salzkartoffeln oder Reis reichen.

Südfranzösische Hackfleischpfanne

1 große Zwiebel
1 Knoblauchzehe
1 grüne Paprikaschote
1 Aubergine
4 EL Olivenöl
600 g gemischtes Hackfleisch
1 Zucchino
2 reife Fleischtomaten
2 TL provenzalische Kräutermischung
Salz und Pfeffer
aus der Mühle
2 EL Tomatenmark
1/4 l Rotwein

Pro Portion ca. 650 kcal / 2730 kJ

1. Die Zwiebel und die Knoblauchzehe abziehen und hacken. Die Paprikaschote waschen, vierteln und das Kerngehäuse entfernen.

2. Die Aubergine waschen, putzen, abtrocknen und in dicke Scheiben schneiden. Paprikaschote und Aubergine in große Würfel schneiden.

3. Das Öl in einer weiten Kasserolle erhitzen. Das Hackfleisch darin scharf anbraten. Zwiebel, Knoblauch, Paprikaschote und Aubergine untermischen und 5 Minuten mitbraten, dabei gelegentlich umrühren.

4. Den Zucchino und die Tomaten waschen, halbieren, grob würfeln und zu den anderen Gemüsen in die Kasserolle geben. Mit den provenzalischen Kräutern, Salz, Pfeffer und Tomatenmark würzen. Unter Rühren einige Minuten braten. Mit dem Rotwein ablöschen und bei mittlerer Hitze noch 10 Minuten schmoren.

Dazu schmeckt frisches Baguette.

Ratatouille-Auflauf

4 Portionen	2 Zweige Rosmarin
2 Zwiebeln	2 rote Paprikaschoten
2–3 Knoblauchzehen	1 kleine Aubergine, 3 Zucchini
6 EL Olivenöl	2 Fleischtomaten, 400 ml Milch
600 g gemischtes Hackfleisch	1 EL Butter, 1 EL Mehl
2 EL Tomatenmark, Salz	100 g geriebener Käse, z. B. junger
frisch gemahlener schwarzer Pfeffer	Gouda, Butter für die Form
4 Zweige Thymian	1 feuerfeste Form, 30 cm lang

Pro Portion ca. 760 kcal / 3180 kJ

1. Die Zwiebeln und den Knoblauch abziehen und fein hacken. Die Hälfte des Öls in einer tiefen Pfanne erhitzen und die Hälfte von Zwiebeln und Knoblauch darin glasig dünsten. Das Hackfleisch zufügen und so lange braten, bis es krümelig ist. Mit Tomatenmark, Salz und Pfeffer würzen und vom Herd nehmen.

2. Thymian und Rosmarin waschen, trockenschütteln, die Blätter von den Zweigen streifen und hacken. Die Hälfte in die Hackfleischmasse rühren. Paprikaschoten, Aubergine, Zucchini und Tomaten waschen und die Stielansätze entfernen, die Paprikaschote entkernen. Das Gemüse in große Würfel bzw. dicke Scheiben schneiden.

3. Das restliche Öl in einer Kasserolle erhitzen und übrige Zwiebeln und Knoblauch und die Aubergine zugeben. Einige Minuten braten. Zucchini und Tomaten untermischen und alles weitere 10 Minuten schmoren. Mit Salz und Pfeffer würzen und die restlichen Kräuter einrühren.

4. Inzwischen die Butter in einem Topf zerlassen und das Mehl darin anschwitzen. Die Milch unter Rühren zugießen und die Sauce ca. 10 Minuten köcheln lassen, dabei mit dem Schneebesen kräftig schlagen. Wenn die Sauce dicklich ist, den Käse einstreuen und in der Sauce schmelzen lassen, dann die Sauce vom Herd nehmen.

5. Die Form mit Butter ausstreichen und die Hackfleischmasse hineinfüllen. Das Gemüse darauf verteilen. Mit der Käsesauce übergießen und im vorgeheizten Backofen bei 220 °C auf der mittleren Schiene 20 bis 25 Minuten backen. In der Form servieren.

GRÄFRATHS VIELFÄLTIGER GAUMENSCHMAUS

Im **Hotel Gräfrather Hof** – in einer der schönsten Regionen im Bergischen Land gelegen – finden Sie die Freiheit und den Rahmen, schöne Dinge zu erfahren. Wir machen Sie bekannt mit einer Welt sinnlichen Erlebens, privatem Charme, exzellentem Service und einer ausgezeichneten Küche. Genießen Sie einen komfortablen Aufenthalt rund um den 700-jährigen Gräfrather Marktplatz und lassen Sie sich kulinarisch verwöhnen.
Jeder Gast ist bei uns ein besonderer Gast und verdient den besten Service!

FLORIAN
Das Restaurant FLORIAN ist ein Ort für alle, die Wert auf eine außergewöhnliche, **internationale Küche,** exklusive Getränke und eine besondere Atmosphäre legen. Genießen Sie ab dem ersten Moment vollkommene Gastlichkeit und lassen Sie sich von unseren Köchen in die Welt der Haut Cuisine entführen.

Osteria da Felice
Mit Herz und Leidenschaft bereiten Felice und sein Team pfiffige und variantenreiche **italienische Köstlichkeiten.** Direkt vis á vis unseres Hotels.

Brauhaus Gräfrather Klosterbräu
Zwei Gehminuten vom Gräfrather Hof entfernt empfängt Sie stilvoll, uriges Ambiente. Hier lädt **klassische, deutsche Küche** – abgerundet durch erlesene Weine sowie hausgebrautes und prämiertes Bier zum gemütlichen Verweilen ein.

Hotel Gräfrather Hof
In der Freiheit 48, 42653 Solingen-Gräfrath
Tel.: 02 12 258 00 - 0, Fax: 02 12 258 00 - 800
info@hotel-graefratherhof.de

www.hotel-graefratherhof.de

GRÄFRATHER HOF
HOTEL • RESTAURANT

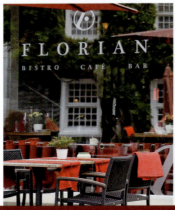

lecker und einfach

BELLAVISTA

Eine große Auswahl weiterer köstlicher Gerichte zum Nachkochen!

Mit vielen Bildern